JN437394

그대가 생각나요

그대가 생각나요

1쇄 찍음 / 2006년 11월 25일
1쇄 펴냄 / 2006년 11월 30일

글쓴이 / 김한기
펴낸이 / 김태봉
편　집 / 황은진, 김주영, 정종우
마케팅 / 박상필, 김미란, 이준혁
등　록 / 제4-414호
펴낸곳 / 도서출판 띠앗
(143-200)주소 / 서울시 광진구 구의동 243-22
전화 / (02)454-0492, 팩시밀리 (02)454-0493
HomePage http://ddiat.co.kr
E-mail ddiat@ddiat.co.kr
값 6,000원

ISBN 89-5854-042-7 03810

그대가 생각나요

김한기 시집

도서출판 띠앗

이 시집이
서점 자리를 지키고 있다가
어여쁜 아가씨
가는 손에 잡혀
마음에 들어
품에 안겨
가서
책 표지부터
글자 한 자 한 자
맑은 눈에 읽혀지고
한 장 한 장
고운 손에 넘겨지며
가슴에 파고들었으면……

이 시집이
눈 빛나는 청년에게
가서
읽혀져
그에게 새로움을 느끼게 하여
그
느낌이
행동으로 나오게 되었으면……

이 시집이
세상일에 눌려 기죽은 사람에게
어떻게 어떻게
보이게 되어
그에게
생기를 불어
넣어
주어
그가 세상 앞에
가슴을 활짝 펴고
새로운 기분으로 생활하게 되었으면……

건한기

차례

1. 사랑이야기

2. 산

3. 세상 속으로

4. 수련

1. 사랑이야기

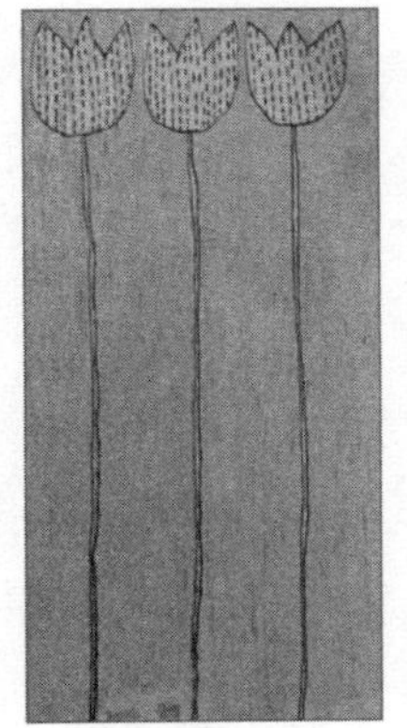

내가 바라는 여인

커피처럼 진한 여자보다는
녹차처럼 은은한 여자가

눈이 커지는 미니스커트보다는
종아리 곱게 보이는 무릎 내려오는 치마가

짧게 깎은 단발머리보다는
바람결에 쓰윽 넘길 수 있는 긴 머리가

펑퍼짐한 엉덩이를 가진 여자보다는
허리 가늘게 쭉 빠진 여자가

텔레비전을 우아하게 보는 여자보다는
아담하게 책을 보는 여자가

화장으로 세련된 여자보다는
고운 피부 그대로 보이는 수수한 여자가

이 모든 조건을 고루 갖춘 여자보다는
그대가

여자

남자에게
태양계
벗어나 은하계 너머 너머
가장 필요한 생명은
이렇게 보이고 저렇게 보이는 여자
보기에도 겉모양 다르고
속 모양 또한 다르다

이런 여자를
남자가 어렵고 귀하게 못 대하면
남자가 어렵고 귀하게 대할 것이 별로 없다

여자 몸을
머리칼에서 발톱 끝까지 샅샅이 훑어보면
함부로 대할 곳이 한 곳도 없다

이별

잡던 손길 바라보던 눈길이
심상치 않았지만

저만큼 멀리 높게 보였어

노력하였지만 잘 안 되었어요

떠나갈 때 말하겠어요
당신에 대해

만나
떠나갈 때 말하겠어요
준비했지만 입 속에서 맴돌던 그 말을

일어서면
떠나갈 때 말하겠어요
멈짓멈짓 애타도록 못한 그 말을

몸 돌리며

떠나갈 때 말하겠어요

자존심 다 걷어붙이고
속이 내려앉도록 못한 그 말

발을 옮기며
떠나갈 때 말하겠어요
입술을 열어

날 두고 저만치
한 발
두 발
떠나갈 때
떠나갈
떠
……

안타까운 손 뜨거운 눈
넋나간 듯 땅에 박혀 무너지려는 나

큰 소리로 불러 세워

그대여
이 느낌 이 감정들을
떠나는 당신에게 말하고 있소

"당신을 결코 잊어 본 적이 없습니다"

좋은 여자

내 마음에 드는 여자보다는
내 마음을 흔들어 놓고선
나를 막 변화시키는 여자가

애인

보면 눈물이 날 것 같은 여자
안 보면 그리워지는 여자
애타고 속 태우는 여자
날 막 미치게 하는 여자
날 막 변하게 하는 여자
꼬옥 안아 주고 싶은 여자
없으면 아무것도 안 될 것 같은 여자
더 가까이 남을 나로 볼 수 있게 하는 여자
목숨을 다시 생각하게 하는 여자
기쁠 때나 슬플 때나 생각나는 여자
하늘같은 여자
같이 아이를 가지고 싶은 여자

기다림

손목시계를 본다
백화점 벽 앞에 서서
일주일 전부터 달력을 보며
기다리고 기다렸던 약속 시간
그러나
그녀는 오질 않는다
시간이 넘어도
백화점 앞 거리에는 사람들이 걸어 다니고
내 주위에는
누구를 만나는 사람
나처럼 기다리는 사람
만나서 이야기하는 사람들
나는 시계를 다시 본다
사람들이 헤어지고 만나고 같이 걸어간다
내 손에
장미가 많이 시든다

그녀와 있으면

그녀와 있으면
선녀와 있는 것 같기도 하고
여우에게 홀린 것 같기도 하고

이러고 산다

내 사랑은 가고
그리움은 오고

밤은 가질 않고
잠은 오질 않고

날은 가는데
임은 안오고

잊으리

떠난 그대로
내 밤을 뒤척인다
내 밤을 뒤척여서라도
떠난 그대

만남 끝에 서서

1
만남 끝에는 이별이 있는 줄 알았지만
이별이 닥치니
어떻게 해야 할지 모르겠습니다

2
떠날 사람 보내 줘야겠지만
떠나는 모습을 보니
앞이 캄캄합니다

3
쓰러지더라도
해본 만큼 능력이
쌓인다고 하지만
가슴이 아픕니다
가슴이 아픕니다

사랑은

상대를
자기와
비슷하거나 같게 만드는
것이 아니지

세상에는 자기와 같은 사람은 한 명도 없지
사랑하는 상대도 같은 사람이 없지
남녀 간 사랑도
성이 완전히 다른
남성과 여성이
하지 않는가

사랑함으로 서로 닮아 가는 것이지

현실을 살아가며

태풍 같았던 우리 애기
잔잔한 물결이 되어
그렇게 그렇게 있습니다
그때 어디서 그런 힘이 나왔는지
차암
어디에 또 이렇게
생활할 수 있는 힘이 남아 있는지
가끔씩
내 모습을 보며
놀랠 때도 있습니다

차마 소중한…
옛날이야기가 아닌
현실이고 싶은 것에 대하여
무언가 말 못하고
속이 터지지만
옛날이야기입니다

언제나 꿈

사랑은 꿈같았는데
헤어질 때조차 무슨 꿈인가 싶었다
날이 지나
전화 걸 곳도 변변치 않고
만날 사람도 없는 것으로
헤어짐이 현실로 다가왔다

등산하는 중에

산을 올라가다가
무연이
가슴 아픈
전에 있었던 일이 떠올라
이 생각을 지우기 위해 빨리 걸어 올라가도
생각이 지치지 않고
자꾸 그때 일을 기억해 낸다
이제 산등성이까지 올라왔는데도 그 생각이
자꾸자꾸 따라온다
가만히 생각하면
그때 일 뿐만 아니라
지금 내 모습이 싫다
내가 싫다
정말 싫다
산등성이까지 따라온 생각을 떨쳐 버리려고
바람을 가르며
이빨을 물며
앞이 보이는 데로 뛴다
몸이 부서져 터져 버리게

상심

땅을 치고
하늘을 보며 목을 터뜨린다

아 ——
앞이 캄캄하다
달이 지면 해가 뜰 것 같지 않은
캄캄한 날이 계속 되고 있다

땅을 쳤다
후회를 하며

그대가 생각나요

비가 거침없이 내리면

간혹 내가 멋있게 보이면

눈이 펑펑 내리는 길을 걸으면

애틋한 사랑이야기를 들으면

책장 속에 잘 접혀진 그대 손수건을 보면

왠지 누군가 만나고 싶을 때면

갑작 사랑 영 이별

열심히 먹는 것보다
안 먹는 단식이 힘들고

무슨 생각을 하는 것보다
아무런 생각이 없는 무심이 힘들고

때 묻히는 것보다
때 닦는 것이 어렵다고

사랑하기보다
지치지 않고 떠오르는 사랑 잊기에
나 시들어 갈 지경이다

2. 산

정상에 서다

사계절 언제나
산에 올라가는 것이 힘들지 않을 때가 없다
이런 산에 계속 올라가는 사람을 보면
꼭
산꼭대기에 금덩이나 유명한 예술가의 작품이나
아주 귀한 것이 있는 것처럼 느껴진다
산에 올라가 본 사람은 다 알겠지만
산꼭대기에는
빈 허공뿐
고작
있어봐야
그냥 만들어 놓은
산꼭대기 높이와 산 이름 알리는
돌 하나
서 있을 뿐이다

근데
산꼭대기에서

주위를 자세히 살펴보면 대단한 것을 발견한다
그것은 자기보다 높은 것이 없다는 것이다

올라오는 사람이 정상을 쳐다보았을 때
산보다 더 높게 서 있는 자기를
바라볼 것이다
산꼭대기 위에 서면
넓은 마음으로 도시를 볼 수 있는 위치로

땅 아래로 지하상가와 더 깊이 지하철
땅에는 아스팔트 위에 밀리는 차
위로는 20층이 넘는 건물이 숲처럼 이루어진
거대한 도시 한복판에
지하철 승차권 천 원짜리 몇 장
가슴에 품은 것뿐인
내 자신은
자꾸만 작아지는데
20층 건물 몇 십 개 합친 것보다 더 큰 산에
오면

엄마 품처럼 포근하고
산꼭대기에 오르면 자신감이 생기고
내가 자꾸 커지는 것은
누가 어찌할 수 없는 것이다

마음먹기 달려 있어요

산에 가지 않는 이유

봄　몸이 나른해
여름 더워
가을 일 잘 되어
겨울 추워

산에 가는 이유

봄　몸이 나른해
여름 더워
가을 일 잘 되어
겨울 추워

(어떻게든 등산을 마다하는 권정희 씨께)

소리

시내 있으면

차　소리
사람 소리
기계 소리

산에 가니

바람 소리
새　소리
물　소리

천국

일요일마다
등산을 가는데
여름
일요일 아침에
일어나니
비가 촐촐히 내리고 있네
습관으로 배낭을 들쳐 메고
숲이 있는 신불산으로 가서
비를 맞으며 1,208미터 신불산 꼭대기로 올라가니
앞이 겨우 보이는 흰 구름 속
비를 계속 맞으며
꿈속같은 구름 속을 헤매다시피 하여
산을 내려오니
비 맞는 소나무도 정확히 보이는
환히 비 내리는 세상이 나온다
내 모습을 보니
머리카락 속옷까지 완전히 젖고
신발 안에도 물이 고여

몸 구석구석 비에 홀랑 다 젖었다
으실으실 추워지려 한다

물에 빠진 생쥐 모양으로
버스를 타고
집에 와서
젖은 옷을 벗고 몸을 씻고 닦아
마른 옷을 입고
따듯한 방에 누우니
천국이다

산과 하나 될 때

산에 가고 싶어 다리가 근질근질할 때

시내 강변에서 저 멀리
아른거리는 산을 볼 때

위에는
바람이 부는 곳에 구름이 떠 있는 하늘이 펼쳐져 있고
아래에는
초록의 나무숲과 아래로 흐르는 계곡가로
물과 주위에 온갖 꽃들이 피어 있는
산으로 가자

달리는 차장 밖으로 올라갈 산맥을 올려다볼 때

산에서
가슴 활짝 펴고 공기를 한껏 들이마실 때

폭신폭신한 흙을 밟고 있음을 느낄 때

낯선 사람과
등산한다는 이유만으로
"반갑습니다"
"수고하십니다"
인사를 주고받을 때

아가씨 궁둥이를 보며 올라가면 하나도 힘들지 않아요
(아이 예뻐)

한 사람 한 사람 제치며 올라갈 때

나무 그늘진 풀섶에 누워
풀 향기 맡으며 하늘을 보면
흐르는 구름들

산길을 거침없이 뛰어다닐 때

산등성이 올라서니 시원한 바람이 이마를 스치울 때

캬――아
산꼭대기 바로 아래 샘터에서 가슴이 시원하게 샘물을 마실 때

둘러싼 구름이 바람에 쓸려 어느새 발 아래 있을 때

각시는 배낭을 메고
신랑은 아이를 업고
열심히 올라가는 가족을 볼 때

산꼭대기에 올랐다는 성취감

산꼭대기에 서서 입에 손을 모아 야――호 할 때

산울림으로 되돌아오는 야―호 야호 소리에 귀 기울일 때

산꼭대기에서 겹겹이 겹쳐진 먼 산맥들을 볼 때

산꼭대기에서 손바닥만한 시내를 내려다볼 재

앞만 보고 다 올라와서
아득히
걸어온 곳을 돌아볼 때

눈 덮인 산을
땀이 뻘뻘 나도록 산꼭대기 아래 샘터에 올타와
김이 나도록 머리에 물을 적신 뒤
물끄러미 구경하는 사람들에게
밝게 웃어 줄 때

더운 여름옷을 훨훨 벗고 계곡에 쑥 몸을 담글 때

그렇게 몸을 담그고 있으면 버들치들이 몰려와
몸을 꼭꼭 물지요

뜨끈뜨끈한
한여름에
온종일 비 맞으며 등산하고 내려와
오들오들 떨 때

산에 갔다온 다음날 아침에 눈을 떴는데
몸에서 산 냄새가 날 때

이렇게 산이 내가 되고 내가 산이 될 때

운동

제일 좋은 운동 - 걷기
효과 빠른 운동 - 뛰기

감동

밀양 얼음골에서 사자봉으로
올라가고 있는 중이다
이 산길은
가파르면서 굵은 바위가 많다
코로 힘차게 숨을 쉬며
여러 사람들을 제치며 오르는 중
문득
앞을 보니 허벅지 아래로 다리가 없는
30대 정도 보이는 외다리 사나이가
앞에서 목발을 짚으며
한 발로 산을 오르고 있다

멈추어 서서 그 외다리 사나이가
어떻게 오르는가 숨을 고르며 멀끔히 본다

손잡이가 맨들맨들한
수제품으로 다듬어진 모양이 투박하지만
야무지게 생긴 목발을 짚어가며 오르다
바위가 있고 가파른데 이르면

목발을 우선
올라갈 바위 위에 올려놓고
두 손으로 바위를 잡아
한쪽 다리와 몸을 위로 끌어올리며
산행을 한다

외다리 사나이 산행 속도는
내게 상대가 되지 않는다
하지만 느릿느릿 오르는 사람보다 빠르다

정화수

울산 도시를 벗어나
물 맑은 밀양 얼음골로
정화수를 뜨러 간다

물을 떠서
물통을 싣고 오는 밤길은
보물을 가득 담아 오는 듯
기분이 아주 흐뭇하다

계곡 밤 모습

건너편 산으로 해는 지고
하늘에 달이 밝아와서
건너편 산과 계곡 주변 나무들이
검게 변하고 있다

땀에 젖은 옷을 벗고
계곡 넓은 물속에 몸을 담그고
목 내어 앞을 보면
흐르는 계곡 물결 위로
달빛은 크게 흔들리며
별빛은 조그맣게 물결친다

바위를 베개 삼아 위로 보면
계곡가 검은 바위는 굳게 앉아 있고
바람은 검게 변한 나뭇잎을 날리고
짙은 파란 하늘에 달 별이 떠 있다

3. 세상 속으로

시련의 극복

북은 칠수록 소리가 난다
쇠는 두드릴수록 강해진다
바람개비는 바람이 불수록 빨리 돈다
석회동굴의 석순은 물이 떨어질수록 높아진다

난

난
바람 부는 대로 날려가고
물이 흐르는 대로 흘러가는
가랑잎 같은 존재가 싫다
내가 바람이 되고 흐르는 물이 되고 싶다

할머니

우리 할머니는
아주 독하셨다고 한다

쌀 씻다
쌀 한 톨 떨어뜨리는
그것까지 나무라는……

어머니 시집살이
톡톡히 하셨다고 한다

어머니는
헤프게 쓴다 싶을 때
할머니
이 말씀이 생각나신다고 한다

"야야 ――
있을 때 아껴야 한대이
없을 때는 아낄 께 없대이"

풀잎의 위대함

잠수함으로 바다 밑을 보고
지하철로 땅 밑을 다니며
땅 위로 차를 타게 하고
복잡한 설계로 복잡하게 만든 전자제품
높이 세워지는 건물
높게 나는 비행기
지구 밖을 벗어나는 우주선……
이 물질문명도
길거리 후미진 곳에 자라는 잡초잎
한 잎도 못 만든다

내가 의지하는 것은

내가 의지하는 것은
유명한 사람도 아니요
그렇다고 평범한 사람도 아니다
몸에 흐르는 물
머리 위 하늘
디디고 서 있는 지구
태양계 은하수 많은 별들을
감싸고 있는
더 넓은 우주 이치에
기대어
조심스럽게 산다

젊은이

인생은 도전이다
라며 한 가지 일을 선택해
이렇게 저렇게 해 보며
이리 치고 저리 치고
너무 치는 것 같으면 조렇게도 해보았다
도전력이 지치면
뚝심이 남아 있다

내가 무엇인가 하는 것은
내가 살아 있다는 증거였다
죽음은 움직이지 않는다
쉬거나 지칠
망정……

난 아직 살아 있다

죽지 않은 것을 보여주기 위한 듯
온갖 수모와 고난에 부딪기면서
내가 하고 싶은 일을 해왔다

이제 몸과 마음이 절인 배추처럼 되어
넘어갈 지경이다

어두운 방문을 열고 들어와서
쓰러져 눕는다
팔 다리 뻗어 눕는다

눈 멀뚱멀뚱 천장을 본다
팔다리는 이미 남의 것이 되어 버렸다
눈꺼풀만 끔벅인다
눈을 지그시 감는다

내가 죽은 것일까?

내 정신은 아직 돌아가고 가슴도 뛰고 있다
밤이 가고 아침이 돌아오면
맑은 정신으로 다시 일어설 것이다
난 아직 죽지 않았다

최고

고픈 배로
밥 먹고
잠깐 앉았다
밖으로 나와서
허리 넣고 손 뒷짐 지어 가슴을 펴서
배부른 넉넉함으로
세상 모든 일을 이해하여 감싸 안은
세상을 달관한 큰 어른같이
동네를 어슬렁 어슬렁
바람결을 느끼고 꽃을 보며
걸어 다니면
소화도 잘 되고
시간에 쫓기는 사람이 허벌떡 올라치면
한 손 내밀어 어깨를 턱 턱
쳐주고 싶은
최고가 된다

시작

이것이 끝인 줄 알았다
이제 좋아질 구멍도 없고
더 이상 나빠질 구멍도 없을 줄 알았다
하지만
이것이 끝이 아니었다

이것이 끝일 수 없기에
얻어맞아
넘어져
엎어져도
두 눈을 크게 뜨고
주먹을 꼬옥 쥐고 일어나야 한다

검은 아스팔트 거리에 푸른 잡초

모든 일이 망한 후
고개를 들어 주위를 살펴보면
아스팔트 도시 거리 구석진
어딘가에 잡초가 자라듯
몇 가지 남은 것이 있다
적지만 그것을 잡아라
그것이 곧 희망으로 이어 주는 인연이기 때문이다

일이 잘 풀리지 않을 때

허리를 넣어 있나
숨을 고르게 쉬고 있나
의식을 놓치지 않나
살펴보고
지금 당장
할 수 있는
가장 작은 일을 한다

할 수 있어

왼손으로 기타를 친다
- 지미 헨드릭스
장님이 피아노를 치며 노래를 부른다
- 스티비 원더
귀머리거리가 작곡 지휘를 한다
- 루드비히 반 베토벤
외팔 사나이가 드럼을 친다
- 릭 알렌(데프 레파드)
서양 음악이 기선을 잡고 있는
동양 한국에서 가야금을 연주한다 - 황병기

어렵지만
'할 수 있다'
는 것을 몸소 보여준
보여주고 있는 사나이들이다

우리 외할머니

자식 여덟 분 키워 시집 장가 다 보내시고
손자 손녀 증손자 증손녀까지 보신 외할머니

나이 들어 걷기도 힘드신데

어제는 며칠 나 혼자 집에 있다고
오셔 밥을 손수 지어 주시고 가셨다

외로움

— 도덕경 20장 —

배우지 않으니 근심이 없다
'좋다'와 '싫다' 다름이 얼마며
착함과 악함의 떨어짐이 얼마인가
남들이 두려워하는 것을 나도 두려워한다
하지만 하도 넓고 흐려 아직 다 알지 못하였다

모든 사람들은
큰 잔칫상 받은 것 같이 기뻐하고
따뜻한 봄날
산으로 들로 봄나들이 가는 것 같거늘
나 홀로
고요히 움직일 기색 없이
웃을 줄 모르는 어린아이 같고
어릿어릿 돌아갈 곳 없는 사람 같구나

내 이 마음이 과연 어리석은 마음인가?
막막하구나

세상 사람들은 다 밝고

나만 홀로 어두운 것 같고

세상 사람들은 다 총명한데
나만 홀로 밋밋하구나

넘실거리는 바다와 같고
획획 바람이 멎지 않는 대지와 같다

모든 사람들은 다 바쁘게 하는 일이 있건만
나 홀로
고집을 세워 찾아 나섬이 비천한 것 같다

남들은 젊은 날 다 버리고
인생 뒤안길에서 찾아 헤매는 것을
나 홀로 젊음을 불태우며
그것을 귀하게 여긴다
소년의 마음인지
남은 꿈이라고 하는 것이 나는 현실이다

TV

1
조용히 꺼져 있는 텔레비전을 보면 불안해진다

2
텔레비전을 지키는 사람이 늘어나고 있다

자본주의

자본주의가 어떤 곳인가 알고 싶으면
책 한 보따리 구해
돈의 역사와 발전 단계를 살펴본다
이 분야에 유명한 전문가를 찾아간다
발달된 자본주의 국가를 살펴본다
그것보다 피부로 바로 느낄 수 있는 것은
당장 돈 10원 없이 친구 만나러 시내 거리를
나가본다

약이란

파리약 모기약 쥐약
농약
마약
극약
사약
어떤 약이던 먹으면 아주 좋지 않다
이것을 잊지 말아야지

아름답게 보인다

병자가
고치는 방법을 찾았을 때보다
낳을 수 있는 희망을 가질 때보다
그 희망을 잃지 않고 생활할 때보다
도와주는 사람 덕을 알 때보다
치료하여 다 낳았을 때보다
자기 잘못을 뉘우칠 때

하보경 할배

1

군살 하나 없는 수려한 몸매
파뿌리같이 흰머리 긴 수염 날리며
춤을 춘다
덩실둥실

그 모습 한번 딱 보자
콱 내려찍히는 충격
저것이 춤인가!
우주의 몸짓인가!

2

덩실둥실
춤을 추다
덩딱 북소리에
딱
몸을 멈추면
어떤 힘찬 동작보다

더 힘찬 동작이 되는
희한한 춤

3
댄스가수 뮤지컬 발레같은 춤판에 가면
나는야 구경꾼
하보경 할배 춤판
하보경 할배가
발을 덜썩 덜썩
두 팔을 둥실둥실 흔들면
그 춤에 너와 내가 빨려 들어가
어느새 춤을 춘다
하보경 할배는 춤 자체가 되어
춤판의 거대한 태풍의 눈이 되어
세상을 모두 춤판으로 만들어 휘몰아가는……

배움의 자세

에이스 투수가
포수와 사인을 하고
공을 던졌다
포수 먼 산을 보고 있다
공을 못 받는다

넓은이

하늘은 항상 내려다보기에
하늘 뜻과 힘을 빌어서 사는 사람을 함부로 대할 수 없다
하늘 없이 돈으로 사는 사람은 돈이 떨어지면 꺾여버리지만
하늘 뜻과 힘으로 사는 사람은 하늘이 항상 열려 있기에
꺾여도 일어나는데 위에 있는 하늘 도움을 받는다

하늘 뜻을 받아들이고
하늘 뜻으로 살고
하늘같은 마음으로 사는 사람을…

4. 수련

고양이

부드러운 몸을 만들기 위해
난 밥을 적게 먹으려고 노력한다
특히 저녁밥은 더 그렇다

손바닥 만한 접시에
밥을 얹어
김치 된장 나물로
조심스럽게 저녁을 먹고 있을 때
몸무게 많이 나가고 배가 좀 나온 자형이
나타나서 대뜸 하는 말씀
"고양이 밥같이 먹네"

아이 마음

어제 본 것 오늘 또 보고 싶고
보면 모습은 같지만
새롭다
조금 전에 본 것 돌아봐도
새롭다
주위가 있는 것만으로
신기하고 궁금해진다

동물원

이 동물원에는 주위에서 흔히 볼 수 있는 동물들이 많다

뚱뚱한 고양이
걸어만 다니는 개구리
간 없는 토끼
짖지 않는 개(주의: 물 줄 앎)
발 없이 날개만 가진 참새
이빨 빠진 호랑이
날개 부러진 매

당신도 이처럼 중요한 한 가지를 빠뜨려 놓지 않았습니까?

음식

방금 명상 끝낸
손으로

안쳐 놓은 쌀 냄비에 불을 올린다
냄비에 물을 붓고 장독에서 퍼온 된장을 풀고
말랑말랑 두부를 살살 사각형으로 썰어 넣고
파 허드레 껍질을 벗겨 씻어 파를 동글동글
가늘게 썬다
어떤 놈은 기울어진 도마 위를 굴러다닌다
마늘 떼어 까서 칼 뒤로 두드린다
썰은 파 찧은 마늘 마른 멸치를 넣어 뚜껑을
닫고 끓인다
밥하는 냄비 끓어넘쳐
빨리 뚜껑을 약간 열고 불을 살짝 내린다
애호박을 씻어 꼭지와 배꼽을 따내고
반으로 자르고 또 반으로 잘라
한 토막을 부채 모양으로 얇게 썰어 꼭 눌러
채를 썬다 한 토막 더 채를 썬다
그 사이 밥이 다 되어 불을 끄고 뚜껑을 닫아

뜸을 들인다
프라이팬에 기름 붓고 채 썬 호박을 담고
소금 뿌려 불을 올려 볶는다
된장국 냄비 뚜껑 열어 향기 맡고 한 숟갈 간
을 본다
프라이팬이 열을 받아 속 편한 호박이 볶이기
시작한다
호박이 눋지 않게 뒤집개로 골고루……

나는 지금 음식을 만드는 것이 아니다
먹을 음식에 내 맑은 기(氣)를 넣고 있는 것
이다

걷기

명상 한 후
다리 풀고
거리에 발을 올려놓으니
발 가볍게
한 발 땅에 디디자마자
다른 발이 재빨리 앞으로 나간다
다람쥐처럼 거리를
미끄러지듯 걷는다
저절로 걸어진다
다리가 되게 좋아라 한다

내게 중요한 두 가지

내가 세상에
나올 때 두 가지 도구를 가지고 나왔다
한 개는 보이는 것이고 또 한 개는 안 보이는
그 도구는
몸과 정신이다

단전호흡법

몸을 부드럽게 푼다

엉덩이 높여 앉아
다리 틀고
척추를 세운다

입 닫고 코는 자연스럽게 숨을
눈은 가늘게 귀는 자기 숨소리를
의식 아랫배에 두고

고요 속으로

밖으로 묶인 몸
안으로 열린 마음

숨이 가라앉고
열기가 모여 올라간다

등줄기로 땀이 맺힌다

고요가 흐른다

마음은 뛰쳐나오려고 하고
발목은 아프다

시간이 흐른다

손이 발로
갈까말까 갈까말까

한 느낌

눈에
세상 모든 것이 확 피어난
한 느낌이 있어
세상 사람들에게 보이고자
글로 표현하려니
표현할 길이 없네

열심히 하는 명상

가을, 햇과일 옆에 두고 하고
겨울, 추운 줄 모르고 하고
봄,　따뜻한 햇볕에 잠을 잊은 채 하고
여름, 모기 무는 줄 모르고 하고

하나

이 세상 위에 나
푸른 하늘
내리쪼이는 따뜻한 햇살
아래로 흐르는 물
깊은 바다
먼 우주에서 날아오는 별빛
좁은 담 위를 유연히 걸어 다니는 고양이
거리를 달리는 자동차
밤하늘에 훤한 달
널린 빨래를 말리는 바람
이웃 친구 친지 가족
내가 원하는 것
이것들을 녹여 하나로 하리

명상

몸을 풀고
다릴 틀고
허리 넣어
내 속으로 스며들어가
한없이 넓은 우주에
고요히 앉은
나를 본다

첫사랑

1

나를 합해서 50명이 버스로 단체 여행을 간다. 여기에 내가 좋아하는 아가씨도 끼여 있었다. 우리들을 실은 버스가 울산 시내를 벗어나서 들을 지나 강을 건너 산 넘어 넘어 4시간쯤 달려 군산 앞바다에 다다랐다. 밤 10시쯤이다. 파도가 잔잔히 군산 불빛을 받아 반짝이는 밤바다이다. 차 속에서 4시간 동안 흔들려 다들 어질어질 하나 둘 졸린 눈으로 내린다. 나도 버스에서 내리려고 문 입구로 가니 칼같은 겨울 밤바다 바람이 정신을 확 들게 한다. 머리칼이 흩날린다. 잠이 다 달아난다.

이렇게 차에서 하나 둘 우리 일행이 다 내릴 쯤 저쪽에서 이 아가씨와 친하게 지내는 남자친구가 따로 먼저와 기다리고 있다가 어둠 속에서 우리들을 찾고선 저쪽에서 손을 번쩍 들어 흔들어 보이는 것이다. 우리들도 그 친구를 보자 그냥 그 자리에서서 손을 흔들며 "어이~" 아는 척을 했다. 나도 아는 이 남자친구는 내

또래였는데, 그는 나보다 이 아가씨와 더 오래 알고 지냈다. 또 같은 직장에서 일하는 사이이다.

나도 이 두 사람이 친한 것을 안다. 이 아가씨가 손을 흔드는 그를 보자 차에 시달려 맥없던 얼굴이 바로 살아난다. 활짝 핀 얼굴로 저 앞에 있는 그에게로 49명을 놓아두고 혼자 폴짝폴짝 뛰어가는 것이다. 나는 속으로 이 두 사람이 서로 못 본 지가 한 달 정도 되어 뭐 반가워서 저렇게 좋아라 뛰어가는 게지 했다.

이 당시 나는 이 아가씨를 내 속으로만 좋아했지 가까운 사이는 아니었다. 나 혼자 끙끙 앓으며 좋아했다.

나는 또 생각했다. '아무리 좋아도 그렇지 저렇게 좋을까? 가까이 가서 얼굴이나 보겠지 손 정도 잡아보겠지' 하고 생각했다. 그런데 뜻밖에 일이 벌어졌다. 믿을 수 없는 일이 내 눈앞에서 벌어졌다.

폴짝폴짝 쏜살같이 뛰어간 이 아가씨가 이 남

자친구에게 가더니 서슴없이 남자친구 품속으로 와락 들어가 콱 껴안기는 것이 아닌가? 남자친구 또한 너무나 자연스럽게 이 아가씨를 콱 안는 것이 아닌가. 이게 다가 아니다.

"야-, 야-" 한 덩이가 된 이 두 사람은 부둥켜 안은 채 마치 해방을 맞은 사람들이 독립만세를 부르듯 환호성을 지르며 바야흐로 폴짝폴짝 동그란 원을 그리며 뛰는 것이 아닌가! 모두가 보는 앞에서 말이다.

2

나는 이때 뒤통수를 얻어맞은 것 같은 기분이었다. 이 당시 나는 여자를 한 번도 안아보지도 않았다. 뿐만 아니고 이 아가씨는 내게 손도 잘 주지 않았다. 나란히 걸으며 그 야들야들한 허리에 손을 한 번 올려보려고 야들야들한 허리 훔쳐보다 시침 뚝 떼고 먼 산을 보며 대충 한 손을 길게 뻗어 허리에 손가락 끝 하

나 까닥 닿기만 해도 슬며시 몸을 틀며 저리가 버리니

"한 번 허리에 손 좀 대 봅시다?"

"그냥 걸어가요."

"손 좀 대봅시다? 심심하잖아요?"

"안 돼요."

안 된다는 소리가 어찌나 부드러운지 그 입술에 뽀뽀라도 해주고 싶었다.

이렇게 우기고 사정하여 겨우 내 한 손 아슬아슬히 허리를 길게 감고 같이 걸어본 것을 손가락으로 세어보면 손가락이 남을 정도였다.

그것도 겨우 사람 눈 없는 어두운 거리를 단둘이 걸을 때였다.

그런데 이렇게 아는 사람이 많은 앞에서 이 아가씨는 아무 스스럼없이 끌어안고 이것도 모자라 안고 도니.

아! 그때 나는 지붕 쳐다보는 닭 쫓던 개가 된 기분이었다.

임자가 있구나!

그것이었다.

3

이런 내 마음도 모르고 한쪽에서 시무룩이 고개를 떨구고 서 있는 나에게 그 사람이 다가와서 말했다.

"왜 그렇게 힘이 없어요?"

나는 대답을 못했다.

울고 싶었다.

4

사람 일이란 알 수 없는 법.

시간이 흘러 어떻게 되어 이 아가씨와 만나는 수가 늘어나며 점점 가까워지게 되었다.

그 당시 그 남자친구는 내게 "이제 이 아가씨와 그냥 친구로 남기로 했다"고 그냥 말했다. 이 말을 듣자 나는 기뻤다. 그러나 한편으론

이 사람들이 나를 가지고 노나 싶었다.

그 당시 여자 한 번 안아보지 못한 나에게 '친구'란 말은 어디까지 가는 관계인지 알 수가 없었다. 지금도 잘 모르겠다.

또 지금 '친구'라면 전에는 무슨 관계였단 말인가?

더 의심스러운 것은 이 남자친구가 나를 경계하는 뜻으로 한 말이 아닌가 했다.

어쨌거나 이후 이 아가씨와 나는 아주 가까워졌다.

그래서 나도 드디어 이 아가씨를 꼬옥 안아보게 된 그날이 왔다.

달빛이 나뭇가지를 스쳐 내리는 나무 아래.

우리는 서로 맑은 눈을 마주보고 있었다. 이 아가씨 눈 속에 들어 있는 내가 보였다. 내 눈 속에는 이 아가씨가 들어와 있었다. 우리는 서로의 눈 속으로 빨려 들어갔다.

그 사람의 아슬아슬, 더운 숨결이 내 뺨을 스치며 내 목덜미를 덮였다. 내 숨결 또한 이 아가씨의 뽀얀 목을 지났다. 두 팔을 길게 뻗어 살포시 등을 감쌌다. 등에 손가락 끝이 닿았다. 브라자 선이 아슬아슬 옷 위로 느껴진다. 점점 안으니 점점 몸이 가까워진다. 드디어 가슴 끝이…… 이 아가씨 젖가슴 끝이 옷을 통해 내 가슴에 불안하게 닿았다. 옷을 통해 말랑말랑한 젖가슴이 내 가슴에 살그머니 닿아 눌린다. 내 가슴에 이 아가씨의 가슴이 스르륵 녹아 들어온다. 내 가슴도 이 아가씨 가슴속으로 스르르 들어간다. 온 세상이 완전히 멈춰버렸다.

이 날 나는 여자를 내 가슴에 안아본 것이 처음이었다.

침을 꿀꺽 삼켰다. 숨을 고른 뒤, 부드럽게 눈을 감고 밭은 숨이 새어나오는 입술을 찾았다.

이 아가씨의 더운 입술 위에 내 더운 입술을… 내가 뽀얀 공간 속으로 녹아들어 갔다. 내가 우주 속으로 사라져버렸다.

이렇게 안아보니 입맞춤까지 하게 되었다.

첫 입맞춤이 나도 모르게 이루어졌다.

안아본 것처럼 입맞춤도 내 생애 처음 있는 일이었다.

대단한 날이었다.

정신이 없었다.

5

나는 생전 처음으로 이런 걸 해보니 희한한 기분이었다. 한 발자국 공중에 붕 뜬 기분이었다. 내가 하늘나라에 있는 것이다.

정신없어 계속 입을 맞추니 이 아가씨가 먼저 재미를 잃어버렸는지 자기 몸을 살그머니 빼며 내 몸을 가만히 밀었다.

얼마나 기다렸던 입맞춤인가!

얼마나 망설였던가!

다시 이런 상황이 일어날 지 누가 알겠는가?

내일 또 입맞춤을 할 수 있을 지 누가 알겠는가?

이토록 아슬아슬한데…….

나는 계속 입술을 찾고 싶었지만 그만 두었다. 왜냐면 그 사람이 원했기 때문이다.

"뽀뽀 처음이지?"

입맞춤은 끝났으나 그 가쁜 숨결이 채 가시기 전 이 아가씨가 생글생글 환히 웃으며 내게 이렇게 말했다. 그토록 환한 얼굴로, 입맞춤 후 처음 내게 예쁜 입술을 앙증맞게 움직이며 말하는 것이다. 생글생글 웃는 그 얼굴이 아직도 눈앞에 생생하다.

내게 입맞춤을 가르쳐 주었다고, 자기가 내 입맞춤 선생이 되는 것쯤으로 뽐내며 말을 했다. 입맞춤에 대해서 잘 아는 것을 자랑하는 것이다.

나는 입맞춤을 처음 해 보았으니 어떻게 하는 것이 잘하는 것인지 모른다. 더구나 입맞춤을 해보고 이 여자가 입맞춤을 몇 번 해보았는지 전혀 모른다.

아니 솔직히 나는 입맞춤하는 방법도 몰라 허둥지둥이었다.

그런데 이 아가씨는 내게 물어보지도 않고 바

로 내가 입맞춤이 처음이라는 사실을 족집게처럼 맞춰내는 것이다.

그러니까 이 아가씨는 누구와 입맞춤을 딱 해보면 처음인지 아닌지 뚜렷이 알아맞혀 내는 요령을 알고 있는 아가씨다.

아니 몇 명의 남자와 상대를 했길래 이렇게 환하게 알고 있는 것일까?

나는 정신이 번쩍 들었다.

나는 내 예쁜 마음을 이 아가씨에게 보여주기 위해 할 줄도 모르는 입맞춤까지 동원하여 온갖 정성을 다했다. 그런데 이 아가씨는 고작 이 남자가 입맞춤을 처음 하는 건지 아닌지 지켜봤단 말인가!

기가 막혔다.

"처음이지?" "처음이지?" "처음이지?"란 말이 내 가슴을 꽉 찔렀다.

산울림처럼 내 머리 속에서 빙빙 돌았다.

나는 "처음이지?"란 말을 듣는 순간 화가 치밀어 올랐고 생글생글 웃는 이 아가씨 얼굴을

쥐어 잡아 바닥에 패대기치고 싶었다.

하지만 사랑이란 위대해 "처음이지?"란 말을 내 앞에서 해도 이 아가씨가 내 앞에 있는 것으로 아니 내 첫 입맞춤 상대가 되어 준 것에 감사하고 감사했다.

6

첫 입맞춤 뒤, 이 아가씨 얼굴이 점점 피어 나드니 일주일 후 같이 나란히 걸으며 이야기를 하다 내 말에 어떤 표정일까 가자미눈으로 옆 얼굴을 살짝 훔쳐보았다.

그런데 아니 이럴 수가!

이 아가씨 얼굴 전체가 뽀얗게 빛나는 것이었다. 나는 한참 멍하니 앞산을 보았다.

나는 눈을 질끈 감고 떴다.

나는 잘못 봤나 싶어 정신을 차리며 눈을 감고 떴다.

고개를 돌렸다. 내 기분을 아는지 모르는지

앞을 보며 자기 이야기를 열심히 하는 아가씨 옆얼굴을 다시 보았다.

아니! 아까 전보다 더 뽀얀 빛이 나는 것이 아닌가!

나는 멍하니 이 아가씨 얼굴을 넋 나간 듯 보았다.

여자 얼굴이 이토록 아름다울 수 있는지 이 아가씨를 통해서 처음 알았다.

세상에 예쁘다는 여배우 얼굴이 이 아가씨 얼굴 옆에서 완전히 빛을 잃어버렸다.

7

이날 또 다시 이 아가씨를 안아 볼 수 있는 기회가 생겼다. 내 가슴에 안겨주는 아가씨가 있다니……

내게 축복이 내린 것이다. 입맞춤을 또 했다.

역시 대단했다.

이번에는 안고서 조심조심 살금살금 손가락

끝으로 아슬아슬 몸을 보듬었다. 사랑이 내 온몸을 휘감아 돌았다. 알지 못하던 세계가 나에게 닿았다.

"그 사람은 이렇게 해주지 않던데…"

'어디서 나는 소리인가?'

이 아가씨가 난데없이 이런 말을 했다.

솔직한 건 좋지만 이건 너무하다.

나는 죽고 싶은 마음이었다.

아니 지금 내가 이렇게 열심히 자기에게 온통 빠져 있는데, 세상이 온통 자기뿐인데, 그런데 이 아가씨는 지금 자기 몸을 만진 다른 남자의 손길과 내 손길을 견주고 있는 것이다.

그렇다면 지금 이 아가씨 머릿속에는 내 손길과 몇 명인지 모르겠지만 자기 몸을 만진 다른 남자의 손길들이 엇갈리고 있는 것이다.

이러니 내가 죽고 싶지 않겠나.

'이것이 아예 내 속을 뒤집어 놓으려고 작정을 했나'

'이걸 그냥'

하지만 사랑이란 위대해 나는 꾹 참고 화를 저 목구멍 너머로 삼켰다.

지금도 "그 사람은 이렇게…"란 말이 내 귀에 생생하다.

"그 사람은 이렇게 해주지 않던데…"

우리 사랑은 이렇게 아슬아슬했다.

8

그러고 이날 나는 아무 말 하지 않고 조용히 헤어졌다. 집으로 오는 길에서 생각해보았다.

우리 두 사람이 만날 때, 전혀 우리 두 사람이 만나고 있지 않았다. 가까워질수록 더욱 그랬다.

우리 사랑의 둘레에 여러 사람이 있었다. 그것도 남자들만 주르르 말이다.

어느 날 나는 나와 결혼하면 어떻겠냐고 정성을 다해 예쁘게 물었다. 이때 이 아가씨는 내게 살짝 웃어주었다. 필 듯 말 듯한 고운 웃음으로 말이다. 아직 대답은 못 들었으나 싫지는 않은 눈치다.

우리 두 사람이 합치면 뭔가 될 것 같은 마음이 슬그머니 들었다.

이 아가씨와 잘 되어 결혼하면 첫날밤을 보내게 될 것이다. 첫날밤을 생각하니 기분이 좋아 입이 저절로 벌어지기는 하지만 입맞춤을 생각하니 불안하기 그지없다.

9

"처음이지?"

"그 사람은 이렇게…"

첫날밤 죽을힘을 다해 첫날밤 일을 치르는데 내 입맞춤이 처음인지 알아맞히듯 첫날밤에 이 아가씨가 이불 속에서 첫날밤 일을 치르는 것도 어떤 남자와 견주어 이 같은 말이 아닌 밤중에 홍두깨 튀어나오듯 나오면 어쩌나.

생각이 여기까지 이르자 여자고 결혼이고 뭐고 다 때려 치고 싶었다.

이 아가씨를 사랑하기에
이제 나도 가만히 있을 수 없었다.
하지만 사랑이란 위대해서 이 아가씨가 내 곁에만 있어 주기만을 바라고 바랬다.
후에 내 바램은 산산조각 나서 허공중에 사라져 버렸다.

10

큰 잘못을 저질렀구나!
나는 대충 깨어 있었다.
확실히 깨어 있지 못했다.